**Der neue Chef ist aus dem Netz
Neue Bewerbungsstrategien
im Internet**

Praktische Tipps zur Bewerbung im Netz.

Von Petra Wentzel

Impressum
Originalausgabe

BOD GmbH
Gutenbergring 53, 22848 Norderstedt
© Petra Wentzel 2007
ISBN 9783837 012262

Inhalt

Die optimale Präsentation im Netz – her mit der Schokoladenseite!

Der Arbeitsmarkt ist im Umbruch. Die Unternehmen gehen mehr und mehr dazu über freie Stellen im Internet zu publizieren. Von den Bewerbern wird verlangt, sich auf diese Veränderung einzustellen. Stellensuche und Bewerbung über das Internet gehören heute zum Standart. Nach einer Studie der Cologne Business Scool (CBS) und des Staufenbiel Instituts für Studien- und Berufsplanung haben die 141 größten Unternehmen in Deutschland bereits im Jahr 2004 80% ihrer Stellenangebote über ihre eigene Webseite publiziert. Damit hat das Internet den klassischen Stellenmarkt überholt.

Die Bewerber profitieren von dieser Situation in vielerlei Hinsicht. Nie zuvor war es so einfach sich umfassend über Firmen zu informieren. Nie zuvor konnten auf Knopfdruck so viele Stellenangebote abgerufen werden – überregional und sogar international. Nie zuvor war es so kostengünstig eine große Anzahl Bewerbungen zu verschicken, wie heute per Email. Es lohnt sich also, sich mit den vielfältigen Möglichkeiten, die das Internet zur Stellensuche bietet vertraut zu machen.

Bewerbungsmappe als pdf

Allen technischen Neuerungen zum Trotz, nichts geht ohne die altbewährte Bewerbungsmappe. Sie umfasst das Anschreiben, einen Lebenslauf, Zeugnisse und Nachweise. Noch ist das Verschicken der Bewerbungsunterlagen per Post der klassische Weg, dicht gefolgt von der Bewerbung per Email. Die Grundlage für die Email-Bewerbung ist ebenfalls die klassische Bewerbungsmappe - nur in digitalisierter Form.

Das Anschreiben

Das Anschreiben soll Aufmerksamkeit wecken. In den Personalabteilungen großer Firmen gehen Hunderte von Bewerbungen ein. Viele Bewerber formulieren ihre Anschreiben, als würden sie voneinander abschreiben. „Hiermit bewerbe ich mich ..." so beginnt jede zweite Bewerbung.

Vermeiden Sie Floskeln.

Vermeiden Sie diese standardisierten Floskeln und heben Sie sich von der Masse ab. Bringen Sie eine individuelle Note in Ihr Bewerbungsschreiben, formulieren Sie jedes Anschreiben exklusiv für das jeweilige Unternehmen. Greifen Sie Informationen aus der Stellenausschreibung, der Firmen-Webseite oder der Presse auf und zeigen Sie, dass Sie sich mit dem Unternehmen auseinandergesetzt haben. Informieren Sie sich vorher, wer ihr Ansprechpartner ist und schreiben Sie diese Person persönlich an. Betonen Sie Ihre Fähigkeiten, verweisen Sie auf Erfolge oder besondere Erfahrungen. Wenn Sie Branchenkontakte mitbringen, dann erwähnen Sie sie. Machen Sie neugierig auf sich und zeigen Sie dem Unternehmen welche besonderen Fähigkeiten Sie an Ihrem neuen Arbeitsplatz einbringen werden. Schreiben Sie möglichst nicht mehr als eine Seite.

Fassen Sie sich kurz.

Wenn Ihr Anschreiben fertig ist, erzeugen Sie daraus eine pdf. Versenden Sie Ihr Anschreiben keinesfalls als Word-Dokument, da viele Firmen dieses Format wegen der Virengefahr gar nicht erst öffnen (es sei denn eine Firma besteht ausdrücklich darauf). Das gleiche gilt natürlich für andere Textverarbeitungsprogramme. Das Standartformat für das Versenden von Text ist pdf. Auf 95% aller Computer ist das Programm Acrobat Reader installiert, welches zum Lesen einer pdf benötigt wird.

Die Mac-Benutzer können eine pdf -Datei direkt mit vorinstallierter Software aus dem Druck-Dialog erstellen. Die Windows-Betriebssysteme benötigen eine zusätzliche Software, um eine pdf -Datei zu erstellen. Es existiert eine breite Palette kommerzieller pdf -Tools, sowie einfache und kostenlose Produkte, die für das Erstellen einer einfachen pdf-Datei in der Regel ausreichend sind.

Die meisten Produkte funktionieren nach der Installation als eine Art virtueller Drucker, somit kann aus jeder Anwendung, aus der Sie drucken können, auch eine pdf-Datei erstellt werden.

Hier gibt's die Software:

Software und nützliche Info:
http://www.pdfdrucker.de/

Free pdf für Windows XP:
http://www.shbox.de/fpxp.htm

Maxx pdf Mailer xml 4.0 :
http://www.gotomaxx.com/www/

Pdfmachine zum „kleinen Preis":
http://www.broadgun.de/index.php?site=sho
p

Weitere Info zum Bewerbungsanschreiben:

http://www.ulmato.de/anschreiben.asp

http://www.karrierefuehrer.de/bewerbung/mu
steranschreiben.html

http://www.jobscanner.de/karriere-
bewerbung-anschreiben.htm

Der Lebenslauf

Obwohl der Lebenslauf das Kernstück Ihrer
Bewerbung ist, wird er aus Zeitmangel häufig
nur oberflächlich durchgeblättert. Damit der
Personalverantwortliche die wichtigen
Informationen schnell erfassen kann, sollte
der Lebenslauf gut strukturiert und
„leserfreundlich" sein:

- tabellarischer Lebenslauf, geschrieben
  auf dem Computer oder der
  Schreibmaschine (handschriftliche
  Lebensläufe nur, wenn es ausdrücklich
  gefordert wurde),
- höchstens zwei bis drei Seiten Umfang,
- unter der Überschrift Lebenslauf folgen
  Angaben zur Person,
- der Inhalt wird chronologisch gegliedert,
  immer häufiger wird mit der aktuellen

Tätigkeit begonnen und der Lebenslauf umgekehrt chronologisch gegliedert,

- Schwerpunkte optisch hervorheben,
- gut lesbare Schrift in 10 – 12 Punkt,
- Zeitangabe mit vollen Monaten und Jahren (10/02 – 02/05),
- am Ende Ort und Datum angeben und den Lebenslauf unterschreiben.

Was gehört in den Lebenslauf?

- Angaben zur Person: Name, Anschrift, Geburtsdatum und –ort und der Familienstand.
- Berufserfahrung (Arbeitgeber, Positionen, evtl. Kurzbeschreibungen der Tätigkeiten)
- Weiterbildung und praktische Erfahrung (Kurse, Praktika, Auslandsaufendhalte)
- Studium und Ausbildung
- Schulbildung
- besondere Kenntnisse (Fremdsprachen, EDV, Führerschein, etc.)
- möglicherweise Interessen und Hobbys

Ob Sie Ihre Interessen und Hobbys angeben und welche davon, dafür gibt es kein Patentrezept. Eine Strategie wäre sich auf Angaben zu beschränken, die in einem weiteren Sinne zum Beruf passen. Eine andere Strategie durch Hobbys und Interessen Vielseitigkeit und Engagement zu dokumentieren.

Tipp: setzen Sie sich mit dem Unternehmen auseinander und folgen Sie dann Ihrem Gefühl. Auf ihrer Internetseite geben Unternehmen meist viel von Ihrer Firmenphilosophie preis. Die zu kennen, kann bei der Entscheidung wie man sich am besten präsentiert, sehr helfen. Der

Lebenslauf sollte sich auf einen Umfang von 2-3 Seiten beschränken. Wenn Sie schon einige Jahre Erfahrung und mehrere Berufswechsel hinter sich haben, konzentrieren Sie sich auf das Wesentliche. Stehen Sie am Anfang Ihrer Berufslaufbahn, integrieren Sie Nebenjobs und Praktika und dokumentieren auf diese Weise, dass Sie viele Gelegenheiten genutzt haben, um Erfahrung zu sammeln.

Vielfach gilt zwei Seiten tabellarischer Lebenslauf plus „dritte Seite" als Ideal. Die dritte Seite ist ein Blatt auf dem der Bewerber die Möglichkeit hat fundiert zu belegen, warum er für das Unternehmen eine Bereicherung ist. Es gelten keine genauen Vorschriften, Sie können Ihrer Persönlichkeit Ausdruck verleihen. Mögliche Überschriften: „Warum ich mich bewerbe" oder „Was mich qualifiziert".
Auf sieben bis fünfzehn Zeilen können Sie Ihre persönliche Kompetenz in den Vordergrund rücken. Vielleicht ist es Ihre große Stärke zu motivieren und zu begeistern oder Sie sind bedacht auf das Erstellen, Einhalten und Überprüfen von Prozeduren und Abläufen. Diese Art von Informationen gehört auf die dritte Seite. Wenn Sie diese Aussagen noch mit konkreten Beispielen belegen, erhöhen Sie Ihre Authentizität. Außerdem können Sie die dritte Seite dazu verwenden, umfassende Projekt-Kenntnisse darzustellen. Der Vorteil ist, Sie können Ihr Anschreiben kurz halten und der Lebenslauf behält seine Grundfunktion bei, nämlich eine gut strukturierte Übersicht über die beruflichen Stationen zu geben.

Beispiel für einen tabellarischen Lebenslauf:

Das Deckblatt

Hans Mustermann
Straßenbaumeister

Zur Person

* 12. September 1975
in Frankfurt am Main

Musterstr. 16
45234 Frankfurt am Main
Telefon:
Email:

Familienstand:
ledig, keine Kinder
ortsungebunden

Staatsangehörigkeit:
deutsch

Hans Mustermann

Frankfurt/Main, 18. Mai 2007

Der Lebenslauf

Berufserfahrung

seit Mai 2003	Polier in der Firma Muster Landschafts- und Straßenbau GmbH in Musterstadt
März 1996 – April 2003	Facharbeiter Garten- und Sportplatzbau GmbH in Musterstadt
Sept. 1994 – Dez. 1995	Facharbeiter Muster Verkehrsbau GmbH in Musterstadt

Ausbildung

Sept. 2003- Mai 2007	Abschluss als **Straßenbaumeister** Meisterschule
August 1991- August 1994	Ausbildung als **Straßen- und Tiefbaufacharbeiter** bei der Bau GmbH Musterstadt

Zusatzausbildungen

	Qualitätsmanagement ISO 9001 geschult
2007	Vermessung I – Berechnungen für die Baustelle Seminar der Lehranstalt für Gartenbau und Floristik
2004	Herstellung von Abwasserleitungen und – kanälen in offener Bauweise Seminar Gütegemeinschaft Güteschutz Kanalbau
2003	Verkehrssicherung an Arbeitsstellen nach RSA 95 / ZTV-SA 97 Seminar des Berufsförderungswerk e.V.
1996	Baumaschinenführer Ausbildung der Gesellschaft für Bildungsökonomie mbH
1994	Setzen von Natursteinpflaster Fachspezifische Ausbildung des Berufsförderungswerk e.V.

Schule

1991	Realschulabschluss an der Musterschule in Musterstadt

Private Interessen

	Wassersportarten

Wie schon das Anschreiben, drucken Sie Ihren fertigen Lebenslauf mit Ihrem pdf-Ducker aus. Speichern Sie die Datei unter Lebenslauf_Firma.pdf. Natürlich könnten Sie den Lebenslauf auch mit den anderen Dateien zusammenfassen. Einige Firmen finden es praktischer wenn die Dateien einzeln vorliegen, andere bevorzugen eine „große" Datei. Für den Lebenslauf gilt das Gleiche wie für das Anschreiben, verschicken Sie die Unterlage keinesfalls als Word-Dokument.

Informationen zum Lebenslauf (mit Beispiel zum download):
http://www.ulmato.de/lebenslauf.asp

Die dritte Seite (mit Beispiel zum download):
http://www.ulmato.de/dritte_seite.asp

Muster-Lebensläufe zum download unter
http://www.mygeo.info/lebenslauf.html

So vermeiden Sie Patzer
http://www.focus.de/jobs/bewerbung/lebensl auf/tid-5252/lebenslauf_aid_50297.html

Zeugnisse und Nachweise digitalisieren

Um Zeugnisse und Nachweise per Email verschicken zu können, müssen sie als Datei auf Ihrem Computer vorliegen. Dazu müssen Sie das Original scannen.

Im Copyshop

In den meisten Copyshops können Sie sehr günstig Dokumente scannen lassen. Copyshops in Ihrer Nähe finden Sie in Ihrem Branchenbuch.

Mit dem eigenen Scanner

Ein eigener Flachbettscanner kostet ab 50 Euro aufwärts. Preiswerte Geräte sind für das Scannen von Dokumenten völlig ausreichend. Der Schlüssel zu guten Ergebnissen liegt in den richtigen Software-Einstellungen beim Scannen, bzw. der richtigen Nachbearbeitung.

Achten Sie beim Auflegen der Vorlage auf den Flachbettscanner darauf, dass die Vorlage bündig zu den Kanten des Auflagefeldes aufliegt, sonst entstehen unschöne Ränder. Der Hintergrund sollte weiß sein, ohne Schatten oder Verfärbungen. Das erreicht man am einfachsten, durch die Einstellung Schwarz-Weiß-Vorlage oder Strichgrafik.

Meist kann man bereits in der Scanvorschau Helligkeit und Kontrast einstellen. Um Schatten zu entfernen, sollten Sie die Einstellung der Helligkeit und des Kontrastes schrittweise hoch regeln, bis der Hintergrund weiß erscheint. Achten Sie aber unbedingt darauf, dass die Schrift nicht zu schwach wird.

Scannt man ein Dokument im Schwarz-Weiß-Modus mit einer geringen Auflösung kann ein Ergebnis heraus kommen welches an ein Fax erinnert. Um das zu vermeiden sollten Sie mindestens mit 300 dpi scannen. Wahrscheinlich müssen Sie ein bisschen experimentieren, um einen vernünftigen Mittelweg zwischen einem guten Ergebnis und einer kleinen Datei zu erhalten.

Produzieren Sie keinesfalls ein Dateimonster, welches beim Empfänger Ihrer Bewerbung endlos lange Ladezeiten produziert.

Scannen Sie Ihr Foto und verkleinern Sie es anschließend mit einer Bildbearbeitung. Anschließend wird es als jpg-Datei mit mittlerer Kompression abgespeichert. Kostenlose Programme zum komprimieren von Bildern:

Irfanview http://www.irfanview.de/
Picasa http://picasa.google.com/intl/de/

Bewerbungsmappe per Email versenden

Kopieren Sie Ihr Anschreiben in die Email

Den Text Ihres Anschreibens können Sie auch in der Email als Anschreiben verwenden. Kopieren Sie den Text und fügen Sie ihn in die Email ein. Der Briefkopf gehört nicht in eine Email. Schicken Sie das gleiche Anschreiben zusätzlich als pdf-Datei mit.

Füllen Sie die Betreffzeile der Email ordentlich aus

Schreiben Sie in die Betreffzeile „Bewerbung als ..." oder „Ihre Stellenanzeige vom ....", so gehen Sie sicher, dass Ihre Email nicht im Spam-Ordner des Empfängers landet.

Verzichten Sie auf Formatierungen

Wählen Sie für Ihre Email eine Standartschrift in 11 oder 12 Punkt und verzichten Sie darauf Ihren Text zu formatieren. Aufzählungen oder andere Schriftfarben werden in unterschiedlichen Email-Programmen unterschiedlich oder gar nicht angezeigt.

Schicken Sie Ihren Anhang als pdf und Bilder als jpg

Viele Firmen dürfen doc-Dateien aus Angst vor Viren nicht öffnen. Andere Formate können eventuell gar nicht geöffnet werden, weil die Firmen die entsprechenden Programme nicht haben. Pdf hat sich international als Standart durchgesetzt. 95% aller Rechner verfügen über das notwendige Programm, den Reader von Acrobat.

Keine Datenmonster

Achten Sie darauf, dass Ihr Anhang die Größe von zwei Megabyte nicht überschreitet. Die Firmen haben es nicht gern, wenn ein Email-Anhang endlose Ladezeiten hervorruft. Eine riesige Datei könnte gleich einen negativen Eindruck hervorrufen.

Achten Sie auf Ihre Kontaktdaten

Unter Ihren Email-Text gehören Ihre Kontaktdaten, damit machen Sie dem Empfänger die Kontaktaufnahme leicht. Sie beenden Ihren Text mit freundlichen Grüßen, darunter steht Ihr Name, dann folgt ein Absatz. Zwei kleine Minuszeichen kennzeichnen den Beginn der Signatur, bestehend aus Ihrer Adresse, Telefonnummer und Email-Adresse.

Eigene Homepage

Nichts bietet so viel Raum für die Präsentation der eigenen Fähigkeiten, wie eine eigene Homepage. Nirgends können sich die Personalverantwortlichen so umfassend informieren. Demnach müsste die Homepage eigentlich das Instrument schlechthin für die Stellensuche sein. Überraschenderweise beurteilen die Personalverantwortlichen die Bewerbung mittels einer eigenen Homepage zum größten Teil negativ. Besonders bei einer großen Fülle von Bewerbungen, fehlt den Verantwortlichen häufig die Zeit neben den schriftlichen Bewerbungen auch noch Homepages zu sichten. Außerdem ist es den meisten Unternehmen sehr wichtig, dass sich der Bewerber explizit mit dem angeschriebenen Unternehmen auseinander gesetzt hat. Eine Homepage erstellen und dann den Link verschicken, dass ist zu unpersönlich. Die eigene Homepage sollte daher nur in Verbindung mit einer personalisierten Bewerbung eingebracht werden. Außerdem spielen Branche und Berufsfeld eine große Rolle.

In vielen Berufen ist es üblich Arbeitsproben vorzulegen, da kann eine eigene Homepage sehr nützlich sein. Natürlich nur in Verbindung mit einem persönlichen Anschreiben.

Wer eine eigene Homepage erstellt sollte einige Regeln beachten:

1.   Kein Anschreiben auf der Homepage

Ein Anschreiben sollte immer persönlich adressiert und formuliert sein. Eine gut gemachte Homepage dient allein der Präsentation von Arbeitsproben, wie z. B. von Webdesignern, Fotografen, Grafikern, Programmierern, Journalisten und anderen Berufen in denen Arbeitsproben eine große Rolle spielen. Ein generalisiertes Bewerbungsschreiben auf der ersten Seite, mit der Auflistung möglicher Einsatzgebiete wirkt absolut unprofessionell.

2. Professionelle Aufmachung, kurze Ladezeiten

Wenn sie nicht einen Beruf haben in dem man sie für ihre Kreativität bezahlt, sollten sie ihre Homepage lieber schlicht gestalten. Bunte Bilder und blinkende Applikationen schrecken die Meisten eher ab. Orientieren Sie sich am Besten an anderen Homepages der ausgewählten Branche und achten Sie unbedingt auf eine professionelle Aufmachung.

Wichtig ist, dass die Ladezeiten kurz sind. Wenn sie Bilder und gescannte Dokumente in ihre Homepage einbauen, achten sie darauf, dass die Dateien nicht mehr als 300 dpi haben. So bleiben die Ladezeiten auch bei langsameren Internetanschlüssen kurz.

3. Keine privaten Fotos und Informationen

Wenn sie eine Homepage zur Stellensuche benutzen, sollte diese Homepage ausschließlich dazu dienen. Private Fotos und Informationen aus dem Privatleben gehören nicht auf diese Seite.

Inhaltlich sollte sich die Homepage allein auf Ihre berufliche Qualifikation beschränken.

- Lebenslauf
- Zeugnisse und Beurteilungen
- Arbeitsproben
- andere beruflich relevante Fähigkeiten

4.   Arbeitsproben veröffentlichen

Die sinnvollste Weise eine eigene Homepage zur Stellensuche einzusetzen ist, einen wirklichen Mehrwert über die schriftliche Bewerbung hinaus zu bieten. Das bedeutet, Sie gehen zunächst den klassischen Weg und stellen sich in einer schriftlichen Bewerbung (per Post oder Email) dem Unternehmen vor. Ihre Bewerbung enthält den Verweis auf Ihre Homepage. Die bietet dem Personalverantwortlichen <u>neue</u> Informationen, am Besten aussagekräftige Arbeitsproben. Machen Sie nicht den Fehler und zeigen Sie auf Ihrer Homepage nur Informationen, die Sie dem Unternehmen bereits mitgeschickt haben. Damit stehlen Sie den Personalverantwortlichen nur ihre Zeit und das kommt selten gut an.

Bewerber-Homepage

Für die Bewerber-Homepage gilt das Gleiche wie für die beschriebene Homepage. Der Unterschied: die Bewerber-Homepage ist eine Vorlage. Eine voreingerichtete Webseite, auf die Laien ganz einfach ihre eigenen Daten laden können. Wer sich etwas davon verspricht das Medium Homepage für seine Bewerbung zu nutzen, kann ohne Vorkenntnisse eine eigene Homepage erstellen. Wer ein kleines Budget und keinerlei Fachkenntnisse hat, ist mit einer speziellen Vorlage gut bedient.

Tipps für die eigene Homepage:

1. Achten Sie auf eine gute Verlinkung

Stellen Sie Ihre Homepage nicht einfach völlig losgelöst ins Netz, niemand wird sie finden. Wenn Sie Ihre Seite nicht dorthin verlinken wo sich Jobanbieter treffen, haben Sie äußerst geringe Chancen auf Erfolg. Nutzen Sie Portale, die Bewerber-Homepages oder Bewerber-Profile bündeln. Prüfen Sie die Portale gründlich, sie erfüllen nur dann ihren Zweck, wenn Jobanbieter tatsächlich aktiv und von sich aus suchen.

2. Achten Sie auf eine klare Positionierung

Eine Bewerber-Homepage funktioniert wie eine Initiativ-Bewerbung. Es ist wichtig, dass Sie sich als Anbieter für eine bestimmte Dienstleistung klar positionieren. Wir hatten schon das Beispiel des Grafikers oder des Journalisten deren Angebot über ihre

Leistung und ihre Arbeitsproben klar umrissen ist. Wenn Sie in Ihrem Leben bereits eine Reihe verschiedener Jobs hatten, sollten Sie Ihre Webseite unbedingt auf den angestrebten Arbeitsplatz ausrichten. Vermeiden Sie sich als „Mädchen für alles" anzupreisen. Achten Sie auf eine klare Positionierung. Bringen Sie Argumente und Arbeitsproben die Sie für ihren Wunschberuf qualifizieren und lassen Sie alles andere weg.

3. Orientieren Sie sich an den Homepages der Dienstleister

Als Jobsuchender sind Sie ein Leistungsanbieter. Wie ein Dienstleister sollten Sie klar über Ihr Angebot und Ihre Erfolge informieren, Proben Ihres Könnens demonstrieren und Referenzen nennen. Richten Sie Ihre Homepage nach den Erwartungen Ihrer „Zielgruppe" aus, also den Firmen, die Ihren Traumjob anbieten. Beschäftigen Sie sich mit diesen Firmen. Bringen Sie alles in Erfahrung was wichtig sein könnte: Wie treten diese Firmen auf? Welche Anforderungen stellen sie an ihre Mitarbeiter? Je mehr Sie wissen, desto einfacher fällt es Ihnen, den Ansprüchen dieser Firmen zu begegnen. Auf einer eigenen Homepage bewirbt man sich nicht um eine bestimmte Stelle; man präsentiert sich als Anbieter einer bestimmten Dienstleistung.

- Statt eines Anschreibens erstellen Sie einen kurzen Einführungstext.
- Der Lebenslauf wird zu einem Leistungsprofil.
- Verzichten Sie auf Zeugnisse und Nachweise und belegen Sie Ihre

Berufserfahrung mit Arbeitsproben und Erfolgsbelegen.

- Die wichtigsten Informationen bietet man als pdf an, zum Download oder Ausdruck.
- Die Homepage enthält keine Informationen, die nicht berufliche Selbstvermarktung unterstützten.
- Achten Sie unbedingt darauf, dass Interessenten die Kontaktaufnahme leicht gemacht wird.
- Halten Sie Ihre Seite stets aktuell.

Zusammenfassung:

Eine eigene Homepage zur Stellensuche macht nur Sinn, wenn Sie wirklich etwas zu zeigen haben. Um einen Lebenslauf und ein paar Zeugnisse zu veröffentlichen ist die Homepage viel zu aufwändig. Wenn Sie in einer Branche arbeiten, die dem Internet nahe steht und über aussagekräftige Arbeitsproben verfügen, dann ist die eigene Homepage eine wunderbare Ergänzung zur klassischen, personalisierten Bewerbung.

Links zu Bewerber-Homepages:

http://www.bewerbungs-service24.de/html/bw_homepage/bewerbungs_homepage.htm

http://www.bewirb-dich.com/de_02_04.shtml

http://moechte-arbeiten.de/

http://www.teccet.de/

Bewerbungsvideos

Ein gut gemachtes Bewerbungsvideo kann ein umfassendes persönliches Bild von einem Bewerber vermitteln. Wer telegen ist und sich gut präsentieren kann, erhöht möglicherweise seine Chance zu einem persönlichen Gespräch eingeladen zu werden. Nach einer Studie der WWU Münster – Institut für Soziologie beurteilen ein Fünftel der Firmen diese Form der Bewerbung als innovativ und glauben einen besseren Gesamteindruck des Bewerbers zu erhalten, ein weiteres Fünftel der Firmen fand ein Bewerbungsvideo sei überflüssig. Die Hälfte aller Befragten (52%) lassen Bewerbungsvideos im Bewerberverfahren zu. Da es sich um einen sehr jungen Trend handelt, darf man wohl von einer steigenden Tendenz ausgehen.

Ein neuer Trend mit hoher Akzeptanz

Technisch ist es möglich, auch ohne großen finanziellen Aufwand, professionelle Videos zu produzieren. Die kreativen Möglichkeiten sind nahezu unbegrenzt, genauso unbegrenzt wie die Chance ins Fettnäpfchen zu treten. Achten Sie unbedingt auf Professionalität!

Focus Online hat einige Links zu Bewerbungsvideos auf You Tube veröffentlicht, von denen einige originell und gut gemacht sind, andere haben die Community eher amüsiert. Hier wird deutlich, dass der Grad zwischen origineller Bewerbung und virtueller Lachnummer sehr schmal sein kann.

http://www.focus.de/jobs/bewerbung/videocli
ps_aid_26815.html

Die Studie der WWU brachte das Ergebnis,
dass Bewerbungsvideos, obwohl derzeit
noch selten, für Unternehmen ein
spannender und ernst zunehmender Trend
sind.

Was gehört in ein Bewerbungsvideo?

- Beginnen Sie mit einer freundlichen
  Begrüßung und den üblichen
  persönlichen Informationen wie Name,
  Geburtsdatum und Wohnort.
- Skizzieren Sie Ihren beruflichen
  Werdegang.
- Präsentieren Sie Ihre Stärken. Natürlich
  besonders im Hinblick darauf, warum
  Sie der richtige Kandidat für das
  Unternehmen sind.
- Das Ende bildet eine freundliche
  Verabschiedung.

Achten Sie darauf, dass Ihr Video nicht zu
lang wird, maximal 2-3 Minuten sind
ausreichend. Betrachten Sie Ihr
Bewerbungsvideo als Ergänzung zu Ihren
übrigen Bewerbungsunterlagen. Alles
zusammen sollte ein stimmiges Bild
ergeben.

Bevor Sie Geld und Mühe investieren,
sollten Sie darauf achten wie die Branche
und eventuell die ausgewählten
Unternehmen auf eine Video-Bewerbung
reagieren. Was in der Medien- und
Unterhaltungsbranche bereits zum Standart
gehört, kann in einer Bank oder beim

Steuerberater die Chancen eventuell verschlechtern. Denkbar ist eine Video-Bewerbung überall dort, wo ein überzeugendes Auftreten wichtig ist: Positionen im Verkauf oder in der Kundenberatung. Denkbar wäre ein Kundengespräch zu simulieren oder zum Beispiel mit perfekten Sprachkenntnissen zu glänzen. Ein Video kann also eine perfekte Ergänzung zu den üblichen Unterlagen sein. Es muss zur Branche und zur Person passen.

Wie präsentiere ich mein Video?

Wenn man sich die Videos auf You Tube ansieht, stellt man sich bei vielen die Frage, ob das als Bewerbung überhaupt ernst gemeint ist. Nach meiner Auffassung ist You Tube eher ein Umfeld für junge kreative Branchen. Dass traditionelle Branchen die vielen schrägen Bewerber-Videos sichten halte ich eher für unwahrscheinlich. Generell gilt, ein Video in das Web zu stellen kann bedeuten, sich dem Spott vieler Leute auszusetzen.

Eine weitere Möglichkeit ist das Einbinden des Videos in die eigene Homepage.

Ich halte es für eine gute Variante, das Bewerber-Video auf einer CD-ROM zusammen mit den anderen Bewerbungsunterlagen zu versenden. Wenn Sie sich per Email bewerben, können Sie einen Link auf das Video mitschicken. Nicht alle Unternehmen verfügen über eine schnelle Datenverbindung und ein Video ist eine „riesige" Datenmenge. Bevor Sie ewige Ladezeiten provozieren, hinterlegen Sie das

Video lieber im Internet und verweisen mit einem Link darauf.

Ein Posting aus der Augsburger Allgemeinen vom 19.07.2007:

Bewerbungsvideo für Berufsanfänger

Ich habe eine Tochter, die in diesen Tagen die Schule abgeschlossen hat und seit einigen Wochen eine Lehrstelle sucht. Wir haben bisher 30 normale Bewerbungen geschrieben. Diese waren überwiegend (27 Stk.) negativ. 3 Vorstellungsgespräche und davon ein Praktikum. Nun haben wir von unserer Tochter ein Bewerbungsvideo drehen lassen. Wir haben 10 Bewerbungen mit diesem Video verschickt und haben gleich einen Tag später fünf (5) Vorstellungsgespräche und fünf (5) Praktika angeboten bekommen.
Ich bin nun der Meinung, dass diese Bewerbungsart ein Sponsoring und eine Vermittlung verdient. Könnte die Augsburger Allgemeine Sponsoren und Filmproduktionsfirmen suchen und vermitteln, die diese Art der Bewerbung fördern und/oder unterstützen, um viele andere Berufsanfänger den Start zu erleichtern.

Fazit:

Ein Bewerbungsvideo ist das Richtige, wenn Sie sehr telegen sind und sich überzeugend präsentieren können. Zudem sollten Sie sich auf eine Position bewerben, wo eine starke Persönlichkeit gefragt ist, wie im zum Beispiel im Verkauf oder im Fernsehen. In diesen Fällen ist ein Video eine ausgezeichnete Möglichkeit Ihre Chancen auf ein persönliches Gespräch zu erhöhen. Wenn Sie aufgrund eines Videos zu einem Gespräch eingeladen werden, haben Sie eine wichtige Hürde bereits genommen. Der Personalverantwortliche hat schon ein sehr genaues Bild von Ihnen. In jedem Fall heben Sie sich mit einem gut gemachten Video ab. Diese Form der Bewerbung ist noch sehr innovativ.

Links:
http://www.cvone.de/CV-One-Live.216.0.html

http://www.konzept-bewerbung.de/index.htm

http://www.katy-teubener.de/pmwiki/index.php?n=Seminare.Bewerbungsservice#name1

Eigener Weblog

Den treffendsten Satz zum Thema Bewerber-Weblog habe ich auf der Internetseite von Svenja Hofert gefunden: „Ein mythenähnliches Dasein fristet derzeit das Bewerberblog: alle sprechen davon – niemand hat es je gesehen!"

Tatsächlich gibt es zahlreiche Beiträge und kaum Beispiele aus dem wirklichen Leben und wenn man nach langer Suche doch ein Beispiel für Blogger findet, die Dank Ihres Weblog einen Job gefunden oder auch verloren haben, kommen sie meist aus den USA (siehe http://www.jobblog.ch/jobwechsel-dank-eines-weblogs-466).

Dass das Bewerber-Weblog in Deutschland noch so selten vorkommt, bedeutet nicht dass es als Instrument für eine erfolgreiche Bewerbung nicht taugt. Wer sich über ein eigenes Weblog als Fachmann auf einem bestimmten Gebiet positioniert, erhöht mit Sicherheit seine Chancen auf ein persönliches Gespräch.

Idealerweise behandelt das Weblog ein Wissensgebiet welches Teil des angestrebten Berufes ist. Doch auch ein Weblog, welches ein berufsfremdes Thema professionell behandelt, dürfte einen potentiellen Arbeitgeber von zwei wichtigen Fähigkeiten überzeugen: der Bewerber bildet sich privat weiter und kann ein spannendes Thema nutzbringend aufarbeiten.
Fähigkeiten die für jede Firma ein Gewinn sind.

Mit einem Bewerber-Weblog gehört man zu den Pionieren. Das bedeutet, man kann überraschen und sich von der Masse absetzen. Das bedeutet aber auch, es gibt kaum Erfahrungswerte, wie Erfolg versprechend sich ein Weblog auf eine Bewerbung auswirkt. Das sollte man keinesfalls vergessen, wenn man mit dem Gedanken spielt ein Weblog zu installieren, um darüber einen Arbeitgeber zu finden. Denn in einem gut gemachten Weblog steckt richtig viel Arbeit über einen langen Zeitraum.

Was sollte man beachten?

- **Schreiben Sie gern?**
  Ein interessantes Weblog besteht aus einer Vielzahl von Beiträgen. Mit 5-6 Punkten ist es nicht getan. Wenn Sie nicht gern und gut schreiben, lassen Sie es lieber.

- **Überlegen Sie sich ein interessantes Thema.**
  Vielleicht sind Sie schon Fachmann auf einem bestimmten Gebiet. Wenn das Thema noch zu Ihrem angestrebten Beruf passt, können Sie sich über Ihr Weblog nach und nach als Fachmann oder Fachfrau positionieren.

- **Denken Sie an Ihre Leser!**
  Bereiten Sie Ihre Informationen zielgruppengerecht auf. Für ein Fachpublikum schreibt man anders, als für Fachfremde. Ihr Weblog soll einen potentiellen Arbeitgeber beeindrucken. Behalten Sie das im Hinterkopf. Im Idealfall beantwortet Ihr Weblog die Frage was für einen Nutzen ein Arbeitgeber hat, wenn er Sie einstellt.

Das Bewerber-Weblog ist die aufwändigste der innovativen Bewerbungsstrategien. Diesen Weg sollte nur gehen, wer viel Spaß am schriftlichen Ausdruck hat und viel Lust sich intensiv mit einem bestimmten Thema zu beschäftigen. Dann ist es – als Ergänzung zur klassischen Bewerbung – ein guter Weg sich von der Masse abzuheben und seine Fachkompetenz zu unterstreichen.

Wie erstellt man ein Weblog?

Es gibt zahlreiche Anbieter, die eine entsprechende Software bereitstellen. Wer über Computerkenntnisse verfügt sollte mit diesen Programmen wenig Schwierigkeiten haben. Hier ist eine kleine Auswahl verschiedener Anbieter:

http://wordpress-deutschland.org/
http://www.blog.de/
http://www.strato.de/webhosting/domains/all_inclusive/micro_weblog.html
http://www.mybloger.de/mybloger/Bloge_mit_Deinem_eigenen_kostenlosen_Weblog_10_0101_0.html

Links zum Thema:

http://www.jobblog.ch/jobwechsel-dank-eines-weblogs-466

http://karriereblog.typepad.com/karriereblog/2007/08/schne-neue-web-.html

http://www.karriere.de/psjuka/fn/juka/SH/0/sfn/cn_artikel_print/bt/1/page1/PAGE_7/page2/PAGE_1487/aktelem/DOCUMENT_534/oaobjid/19481/index.html

Wissen ist Macht. So machen Sie sich schlau.

Tipps zur Recherche

Wichtig: Klären Sie unbedingt bei wem Sie sich bewerben

Je mehr Sie über die Unternehmen bei denen Sie sich bewerben möchten wissen, desto besser können Sie sie zufrieden stellen. Im Idealfall können Sie dem potentiellen Arbeitgeber klarmachen, dass Sie seine Bedürfnisse erkannt haben und sie optimal befriedigen können. Sie haben eine klare Vorstellung davon, was er von Ihnen erwartet und Sie bieten ihm an was er braucht. Ihre Chancen erhöhen sich beträchtlich, wenn Sie ins Firmenprofil passen. Dazu benötigen Sie möglichst viele Informationen über Ihren künftigen Arbeitgeber.

Wichtige Informationsquellen

Fachmessen, Kongresse, Tagungen
Hier können Sie wertvolle Kontakte schließen und wichtige Informationen sammeln. Nehmen Sie unbedingt Visitenkarten mit. Informieren Sie sich über die teilnehmenden Firmen. Auf Messen liegen in der Regel Firmenbroschüren aus, die Ihnen wertvolle Informationen bieten. Unterhalten Sie sich mit dem Standpersonal über Veränderungen in den Firmen und notieren Sie sich alles. Diese Informationen nutzen Sie später in der schriftlichen Bewerbung und im persönlichen Gespräch.

Auf Jobmessen haben die Bewerber einen direkten Zugang zu den jeweiligen

Personalchefs. Das Angebot richtet sich zwar in erster Linie an frische Hochschulabsolventen, aber auch Ältere können unter Umständen interessante Kontakte schließen. Wer seine Zeit möglichst effektiv nutzen möchte, sollte sich vorab über die ausstellenden Firmen und deren Stellenausschreibungen informieren und bei konkretem Interesse einen Gesprächstermin vereinbaren. Zum Gespräch sollte der Interessent eine vollständige Bewerbungsmappe mit Anschreiben mitbringen. Wichtig ist außerdem ein angemessenes Erscheinungsbild.

http://www.absolventenkongress.de
Jobmesse für Studenten, Absolventen und Berufsanfänger

http://www.career-venture.de
Recruiting-Veranstaltungen für Studenten, Absolventen und Berufsanfänger. Voherige Bewerbung notwenig.

http://www.jobfair24.de
Online Jobmesse

http://www.berufszentrum.de/messen.html
Recruiting - Kalender mit Terminen und Kontaktadressen

Fachzeitschriften, Tages- und Wochenzeitungen

Lesen Sie Fachzeitschriften, Tages- und Wochenzeitungen - besonders den Wirtschaftsteil. Wenn ein Unternehmen expandiert, Zweigstellen eröffnet oder sich anderweitig verändert, könnten neue Kräfte gebraucht werden. Außerdem können Sie solche Informationen hervorragend in Ihrer schriftlichen Bewerbung aufgreifen. Sie dokumentieren damit, dass Sie gut informiert und an dem Unternehmen wirklich interessiert sind.

Stellenmarkt in der Zeitung

Lesen Sie die Stellenanzeigen in der Zeitung aufmerksam durch. Auch hier gilt: jede Information kann wichtig sein. Der Kern der Anzeige ist der Qualifikationsteil. Sein Sie ehrlich zu sich: erfüllen Sie die Kriterien zum größten Teil oder nicht? Was können Sie stattdessen in die Waagschale werfen? Fähigkeiten die unbedingt vorhanden sein müssen, sollten Sie zum großen Teil auch wirklich mitbringen. Meist gibt es noch eine Reihe von Anforderungen, die „nur" wünschenswert sind, hier kann man schon eher mit Alternativen glänzen.

Auf jeden Fall sollten Sie Ihre Bewerbung ganz explizit auf die Stellenanzeigen hin formulieren. Außerdem sollten Sie darauf achten, dass alle in der Anzeige geforderten Angaben und Unterlagen in Ihrer Bewerbung enthalten sind. Wird eine Kurzbewerbung verlangt, reichen Anschreiben und tabellarischer Lebenslauf. Aussagekräftige Bewerbungsunterlagen bedeutet, dass Sie Ihre Qualifikationen mit Zeugnissen und

Zertifikaten belegen sollen. Wenn Sie in der Annonce aufgefordert werden eine Angabe zu Ihrer Gehaltsvorstellung oder dem Eintrittsdatum zu machen, dann tun Sie es auch, man könnte Sie sonst für nachlässig halten.

Ausschnittdienste

Eine clevere Idee sind so genannte Ausschnittdienste. Diese Informationsdienste werten die Stellenmärkte zahlreicher Zeitungen und Fachzeitschriften für eine bestimmte Branche aus und schicken Ihnen die Ergebnisse zusammengefasst zu. Das ist kostenpflichtig, aber sehr praktisch.

Beispiele:

Informationsdienst Umweltschutz und Naturwissenschaften
Der rund 90 Seiten starke Informationsdienst, bietet wöchentlich einen bundesweiten Überblick über die aktuellen Stellenangebote in allen umweltbezogenen Tätigkeitsfeldern. Pro Ausgabe finden sich etwa 100 qualifizierte Arbeitsangebote für Fachleute aus dem Bereich Umweltschutz und Naturwissenschaft. Unter:
http://www.wilabonn.de/648_535.htm?h401

Das Gleiche mit etwa 300 Arbeitsangeboten pro Ausgabe gibt es auch für **Geisteswissenschaftler**, unter http://www.wilabonn.de/648_541.htm?h402

Der **Inform Career Service** wertet Zeitungen und Internet-Börsen entsprechend der eigenen beruflichen Qualifikation aus.

Download der Liste der Zeitungen und Jobbörsen die durchsucht werden, sowie die durchschnittliche Anzahl der wöchentlich gefundenen Anzeigen pro Berufsgruppe. http://www.stellenmarktrecherche.de/index.php

Karriere-Portale

Als Karriere-Portal werden berufsspezifische Stellenmärkte bezeichnet. Meist bieten sie über den eigentlichen Stellenmarkt hinaus hilfreiche Informationen zu Bewerbung und Karriere. Karriere-Portale konzentrieren sich in der Regel auf eine Branche oder einen Berufsstand. Einige werden von großen Unternehmen wie zum Beispiel der Post initiiert. Ein witzig gemachtes Beispiel ist Friseur-Agent, das Karriere-Portal für Friseure: http://friseuragent.de/. Hier finden Friseure ein breites Spektrum: Jobangebote und –gesuche, Angebote zu Weiterbildung, Tipps zu Karriere und Bewerbung.

Die meisten Portale bieten:

-     Stellenangebote und -gesuche
-     die Möglichkeit ein Stellengesuch aufzugeben und/oder seinen Lebenslauf in einen Bewerberpool einzustellen
-     Benachrichtigungsfunktion: Jobangebote passend zum eigenen Profil per E-Mail
-     zahlreiche Informationen und Tipps zu Karriere und Bewerbung
-     Veranstaltungshinweise

Der große Vorteil: für jeden der seine Zukunft in einer bestimmten Branche sieht bietet ein Karriere-Portal, eine wichtige Zusammenfassung branchenrelevanter Informationen. Viele Branchen haben geradezu einen eigenen Verhaltenskodex entwickelt. Den zu kennen ist für Neulinge, die dazu gehören wollen wichtig. Hier bieten die Karriere-Portale eine großartige Orientierungshilfe.

Natürlich gibt es auch Portale mit wenig guten Informationen und viel Werbung, aber ein Blick hinein lohnt sich in der Regel trotzdem.

Beispiele für Karriereportale:

Karriere-Portal der Energiewirtschaft
http://www.energie-stellenmarkt.com/

Karriere-Portal der Wissenschaft
http://www.academics.de/portal/action/magazine?nav=10006

Karriere-Portal der Post http://www.dpwn-karriere.de/cms/de/

Karriere-Portal für die Gesundheitswirtschaft
http://www.quaas.de/

Karriere-Portal http://berufsstart.de für Absolventen deutscher Universitäten

Karriere-Portal für Mathematiker und Mathematikerinnen http://www.math-jobs.com/de/

Firmenwebsites

Die Kontaktaufnahme von Unternehmen und Bewerbern verlagert sich immer mehr ins Internet. Die Firmenwebsite nimmt dabei eine zentrale Stellung ein. Die Firmen sparen Kosten für die Anzeigen und die Rücksendung der Unterlagen. Auf der Webseite werden die Bewerber empfangen und durch den Bewerbungsvorgang geleitet und in vielen Fällen findet bereits eine erste Vorauswahl statt. Diese elektronische Vorauswahl ist für die Firmen noch mal eine immense Zeit- und Kostenersparnis. Kein Wunder das die Firmenwebsite für das Recuiting von Personal eine immer wichtigere Rolle spielt.

Laut Uni Magazin Ausgabe 7/2004 bewerben sich im Durchschnitt 60% auf dem klassischen Weg, 25% über die Firmenwebsite und 15% bewerben sich per Email - Tendenz steigend.

Informationen über Unternehmen zu sammeln ist das Eine, ein Anderes sich über die Webseite direkt zu bewerben. Für Bewerber ist es ziemlich unübersichtlich. Die Websites der Firmen sind nämlich alles andere als einheitlich. Einige bieten die Möglichkeit die eigenen pdf-Unterlagen hoch zuladen, andere Firmen haben detaillierte Online-Formulare die vom Bewerber auszufüllen sind. Manche Firmen arbeiten mit freien Textfeldern, die mit individuellen Texten zu füllen sind, andere bieten nur Pull-down-Menüs und wenig Raum zur individuellen Vorstellung.

Die Firmenwebsites bieten in der Regel viele Informationen für Bewerber. Liegt einem das

Angebot? Diese Frage lässt sich nach dem Besuch einer bestimmten Website ganz gut beantworten, denn die Firma transportiert bewusst ihr Image und ihre Firmenkultur. Für Sie als Bewerber entsteht ein recht konkretes Bild und ein Gefühl dafür, ob Sie sich dort wohl fühlen könnten. Das ist eindeutig ein Vorteil, gegenüber dem traditionellen Stellenmarkt. Die Uneinheitlichkeit der Online-Formulare ist ein Nachteil, sie kostet viel Zeit, da man die Bewerbung kaum vorbereiten kann. Ein weiterer Nachteil ist: die Antwort auf die Bewerbung dauert bei fast allen Firmen sehr lange.

Viel Zuspruch finden die Angebote von Price-Waterhouse Coopers, Volkswagen und SAP. Wer seine ersten Versuche mit einer Bewerbung per Online-Recruiting macht kann dort mal reinschnuppern. Beispiele für weitere Firmenwebsites sind:

Price-Waterhouse Coopers
http://pwc.de
SAP
http://www.sap.de
Volkswagen
http://volkswagen.de
ALDI
http://www.aldi.de
Bertelsmann
http://bertelsmann.de
Porsche
http://www.porsche.de
HypoVereinsbank
http://www.hvb.de

Networking im Internet

Ein tragfähiges Netzwerk und lohnende Kontakte sind bei der Jobsuche äußerst hilfreich. Diese Erkenntnis ist nicht neu und es gibt zahlreiche Ratgeber, wie man sich ein solches Netzwerk aufbaut. Was offline funktioniert, funktioniert meistens auch in der virtuellen Welt. In diesem Sinne wachsen die Netzwerke im Internet und werden größer und größer. Fast 2 Millionen Mitglieder hat alleine Xing, ein virtueller Business-Club, der die Mitglieder aus 190 Ländern vernetzt. Einige Mitglieder haben über 1000 Kontakte und man fragt sich, ob eine derartige Anzahl eher Erfolg oder Verzettelung mit sich bringt.

Fakt ist, die meisten großen Netzwerke sind äußerst anwenderfreundlich. Über die Suchfunktionen kann man Gleichgesinnte finden, ob man nach der gleichen Branche, der gleichen Hochschule, oder dem gleichen Wohnort sucht – Sie können in kurzer Zeit ein kleines feines Netzwerk aufbauen. Es gibt aber auch eine Vielzahl spezieller Angeboten: Karriere-Netzwerke, Netzwerke für Führungskräfte, Netzwerke für Sekretärinnen, Netzwerke für Business-Frauen, usw..

Als „Neuling" sollten Sie sich in Ruhe umsehen und sich ein Netzwerk aussuchen, das zu Ihren Zielen und Vorstellungen passt. Wenn möglich, lesen Sie eine Weile mit und prüfen ob Ihnen der Ton und der Umgang der gepflegt wird gefallen. Es gibt Netzwerke, da herrscht mitunter ein ziemlich rüder Ton. Andere Netzwerke sind sehr höflich und kameradschaftlich. Wenn Sie sich gut aufgehoben fühlen, können Sie über eine Mitgliedschaft nachdenken. Die Kosten dafür sind unterschiedlich: einige Netzwerke sind kostenlos, andere bieten eine kostenlose Grundmitgliedschaft mit eingeschränkter Funktionen, den vollen Leistungsumfang erhalten Sie nur gegen Gebühr. Wieder andere sind generell kostenpflichtig oder bieten ihre Mitgliedschaft sogar nur gegen Einladung eines Mitglieds an.

Allen gemeinsam ist, Netzwerke funktionieren über das Engagement ihrer Mitglieder, wer profitieren will, sollte sich selbst auch intensiv engagieren. Nur wer selber etwas in das Netzwerk einbringt, erhält in kurzer Zeit eine Menge interessanter Kontakte.

Branchennetzwerke sind eine Empfehlung für jeden, der mehr über eine bestimmte Branche wissen will. Als Mitglied erhält man informative Tipps und kann „alten Hasen" viele Fragen stellen. Das vermittelte Wissen ist gerade für Berufsanfänger oder Branchenneulinge unbezahlbar. Neben sinnvollen Informationen, erhalten Sie Tipps über Abläufe, Schwierigkeiten und Umgangsformen innerhalb einer Branche.

Größere Online-Netzwerke bieten zusätzliche Leistungen an, wie Coaching, Seminare und Veranstaltungen und – immer häufiger - persönliche Treffen. Erklärtes Ziel der meisten Netzwerker ist, sich gegenseitig beim Erreichen ihrer Ziele zu unterstützen. Man kann den Nutzen nicht auf konkrete Jobangebote reduzieren. Der Nutzen der Netzwerke ist langfristig.

Beispiele für Online-Netzwerke:

Wissenschaft und Forschung:
http://Academici.net

Das größte Business-Netzwerk der Welt:
http://www.linkedin.com/

Exklusives Business-Netzwerk:
http://performerscircle.de/

Business-Netzwerk integriert den Work-Life-Balance Gedanken:
http://www.successity.de/

IT-Freiberufler: http://www.gulb.de

Netzwerk für Sekretärinnen:
http://www.Sekretaria.de

Community für berufstätige Frauen:
http://www.femity.net/

Business-Community für Frauen in den Neuen Medien: http://www.webgrrls.de

Wege in den verborgenen Arbeitsmarkt

Fast alle Jobsuchenden konzentrieren sich auf die öffentlich ausgeschriebenen Stellen. Doch nur ein Bruchteil der Stellen die zu besetzen sind, wird auch tatsächlich öffentlich ausgeschrieben. Nur zwischen 25% und 30% der Stellenangebote werden veröffentlicht – eine beeindruckende Zahl. Das bedeutet, es existiert eine riesige Anzahl zu besetzender Stellen, die nur gefunden werden müssen. Doch wie findet man diese Stellen?

Life/Work Planning

Der bekannteste Ansatz der sich mit dem verborgenen Arbeitsmarkt beschäftigt ist Life/Work Planning. Er wurde zu Beginn der 70er Jahre von dem amerikanischen Arbeitswissenschaftler Richards Nelson Bolles entwickelt. Sein Buch „What color is your parachute?" (deutsch: Durchstarten zum Traumjob) gilt als das meistverkaufte Buch zum Thema Jobsuche. Der Ansatz des Life/Work Planning wird sogar an einigen deutschen Hochschulen unterrichtet.

Beim Life/Work Planning geht es zunächst darum herauszufinden, was eine Person wirklich will und kann. Nach einer ausführlichen Bestandsaufnahme der eigenen Talente und Fähigkeiten, beschäftigt man sich mit Fragen wie: Welche Fähigkeiten habe ich? Was tue ich am Liebsten? Welche Art von Leistungen möchte ich am Arbeitsmarkt anbieten?

Das Ziel ist den Nutzen den Sie für ein Unternehmen schaffen können genau zu benennen.

Wenn geklärt ist was man tun möchte, widmet man sich der Frage wo man es tun möchte. In welcher Branche möchten Sie tätig sein? Welche Art von Kunden oder Kollegen möchten Sie um sich haben? Was ist Ihnen an einem Unternehmen wichtig? Welche Firmphilosophie wollen Sie vorfinden? Wofür möchten Sie sich einsetzen?

Erst wenn Sie sich die Fragen, was Sie am besten können und wo Sie dieses Können einbringen möchten, beantwortet haben, widmen Sie sich der Frage wo Sie solche Stellen finden. Erst dann folgt der letzte Schritt, der eigentliche Bewerbungsvorgang.

Life/Work Planning zeigt Schritt für Schritt wie man sich den Zugang zum verborgenen Arbeitsmarkt erschließt und direkt Kontakt zu Firmen aufnimmt.

Das Interessante an diesem Ansatz ist, dass sich der Bewerber intensiv mit seinen Fähigkeiten beschäftigt und eine Antwort darauf findet, was er einer Firma bieten kann. Im Marketing wird dieser Ansatz genutzt, wenn Firmen sich eine konkrete Positionierung erarbeiten – ein Profil. Wer weiß was er kann und wo er es einbringen möchte, kann sich effektiver bewerben und verliert die Scheu von sich aus Initiative zu ergreifen. Als Vorbereitung für ein Einstellungsgespräch ist dieses Wissen ohnehin unverzichtbar, denn die Standartfrage nach den eigenen Fähigkeiten kann dann ganz überzeugend und gelassen vorgetragen werden.

Mehr zum Thema Life/Work Planning:

http://www.morgenpost.de/content/2007/01/3 0/beilage/879795.html
http://www.fu-berlin.de/weiterbildung/weiterbildungsprogra mm/lwp/index.html
http://www.learn-line.nrw.de/angebote/lwp/

Initiativbewerbungen

Die präzise Vorbereitung des Life/Work Planning mündet in dem Ziel einer Initiativbewerbung. Initiativbewerbung bedeutet, Sie ergreifen die Initiative und bewerben sich bei einem Unternehmen, ohne das dort eine Stelle öffentlich ausgeschrieben ist. Manchmal wird die Initiativbewerbung mit der Blindbewerbung in einem Atemzug genannt. Das ist Grundfalsch, denn eigentlich ist die Blindbewerbung das Gegenteil, ein unpersönlicher Massenversand. Die Initiativbewerbung dagegen ist im Idealfall perfekt vorbereitet.

Welche Methode Sie zur Vorbereitung verwenden ist Geschmackssache, aber Sie sollten die Initiativbewerbung immer gut vorbereiten. Nutzen Sie das Internet und die Presse, um sich Informationen über Firmen zu verschaffen. Wo verändert sich etwas? Zum Beispiel: eine Firma die eine neue Filiale eröffnet, ein Werk das expandiert, eine Branche die boomt und die dringend neue Arbeitskräfte sucht. Derlei Informationen können einen Einstieg verschaffen, auf den Sie sich in Ihrer Bewerbung beziehen können. Sie dokumentieren damit, dass Sie gut informiert sind und die Initiative ergreifen, Charaktereigenschaften die bei Firmenchefs äußerst beliebt sind.

Gibt es keinen aktuellen „Aufhänger" sammeln Sie einfach alle Informationen die Sie über die auserwählten Firmen finden können. In Ihrer Bewerbung argumentieren Sie schlüssig, warum Sie sich gerade bei dieser Firma bewerben. Bitten Sie auch um die Möglichkeit zu einem Gespräch wenn aktuell kein Job zu vergeben ist. Sie knüpfen damit wichtige Kontakte und trainieren die Situation eines Vorstellungsgesprächs. Stimmt die Chemie können Sie Ihren Gesprächspartner darum bitten eine Empfehlung auszusprechen, sollte er von einer freien Stelle hören.

Das Wichtigste ist: formulieren Sie den Nutzen den die Firma durch Ihre Mitarbeit hat. Konzentrieren Sie sich auf die Dinge die Sie besonders gut können. Schärfen Sie Ihr Profil. Sind Sie ein Organisationstalent und gerade die Organisation passt zur angestrebten Aufgabe, dann stellen Sie diese Eigenschaft in den Vordergrund und untermauern Sie es mit Beispielen. Sie haben viel Erfahrung und gute Branchenkontakte, dann ist das Ihr Alleinstellungsmerkmal. Versetzen Sie sich in einen Firmeninhaber, er muss durch Ihre Mitarbeit mehr Geld verdienen als er an Sie zahlt. Welches Ihrer Talente kann für eine Firma gewinnbringend sein? Die Antwort auf diese Frage ist letztlich der Schlüssel zu jeder Tätigkeit.

Der große Vorteil einer Initiativbewerbung ist: Sie haben wenig Konkurrenz. Sie landen nicht auf einem großen Haufen ähnlich aussehender Bewerbungen, mit ähnlichem Wortlaut, die sich genau auf die Stellenanzeige vom letzten Samstag beziehen. In einem kleineren Unternehmen sind Sie vielleicht sogar der Einzige der diesen Weg wählt und schon aus Neugier wird man Ihre Bewerbung lesen. Der große Nachteil: wenn keine Stelle vakant ist, wird man vermutlich nicht extra eine schaffen. Die Wahrscheinlichkeit auf eine freie Stelle zu treffen, erhöhen Sie indem Sie sich gut vorbereiten. Und denken Sie daran: zwei Drittel aller Stellen werden ohne Stellenausschreibung besetzt. Unter diesem Aspekt ist eine gut vorbereitete Initiativbewerbung auf jeden Fall ein Erfolg versprechender Weg.

Kontakthof Internet – Angebote im Überfluss.

Allgemeine Stellenbörsen:

http://www.arbeitsagentur.de
http://www.arbeit-online.de
http://www.arbeitsamt.de
http://www.berufsstart.de
http://www.berufswahl.de
http://www.buisiness-channel.de
http://www.careernet.de
http://www.cesar.de
http://www.deutscher-stellenmarkt.de
http://www.dhd.de
http://www.iganzeigen.de
http://www.itnow.de
http://www.job.de
http://www.job-office.de
http://www.job-de.de
http://www.job-suche.de
http://www.jobs-zeit.de
http://www.stellenanzeigen.de
http://www.stellenboerse.de
http://www.stellenmagazin.de
http://www.stellenanzeigen.de
http://www.wdt.de/jobs

Regionale Stellenbörsen

http://www.stellenanzeigen.de
(Suche im Umfeld Ihrer Postleitzahl möglich)

http://www.meinestadt.de
(regionale Suchmöglichkeit)

http://www.rekruter.de
(regionale Suchmöglichkeit)

http://www.bergischesland-job.de

http://www.berlinjob.de

http://www.koelner-job-stellenmarkt.de

http://Rheinmainclick.de

http://www.jobsax.de (für Sachsen)

http://www.suedkarriere.de

Branchenspezifische Stellenbörsen:

Energiewirtschaft
http://www.energate.de

Entwicklungshilfe
http://One-World-Jobs.de

IT
http://www.projektwerk.de

Logistik
http://www.logistik-jobs.de

Werbung und Medien
http://horizont.net

Jobsuchmaschinen

Job-Roboter der ZEIT
http://www.zeit.de/jobs/index

Jobturbo http://www.jobturbo.de

Jobsafari http://www.jobsafari.de/

yovadis.de http://www.yovadis.de/

jobscanner.de http://jobscanner.de

Jobrobot http://www.jobrobot.de/

Netzwerke

Wissenschaft und Forschung:
http://Academici.net

Das größte Business-Netzwerk der Welt:
http://www.linkedin.com/

Exklusives Business-Netzwerk:
http://performerscircle.de/

Business-Netzwerk integriert den Work-Life-
Balance Gedanken:
http://www.successity.de/

IT-Freiberufler: http://www.gulb.de

Netzwerk für Sekretärinnen:
http://www.Sekretaria.de

Community für berufstätige Frauen:
http://www.femity.net/

Business-Community für Frauen in den
Neuen Medien: http://www.webgrrls.de

Karriereportale

Karriere-Portal für Friseure:
http://friseuragent.de/

Karriere-Portal der Energiewirtschaft
http://www.energie-stellenmarkt.com/

Karriere-Portal der Wissenschaft
http://www.academics.de/portal/action/maga
zine?nav=10006

Karriere-Portal der Post http://www.dpwn-
karriere.de/cms/de/

Karriere-Portal für die Gesundheitswirtschaft
http://www.quaas.de/